BABOSAS

Suricatos

Babosas

© del texto: Ángel García
© de las ilustraciones: Nemophila
© corrección del texto: Equipo BABIDI-BÚ

© de esta edición:
Editorial BABIDI-BÚ, 2025
Avda. San Francisco Javier, 9, 6ª, 23
Edificio Sevilla 2 - España
41018 - Sevilla
Tlfn: 912.665.684
info@babidibulibros.com
www.babidibulibros.com

Impreso en España
Primera edición: noviembre, 2025

ISBN: 979-13-87821-98-2
Depósito Legal: SE 2031-2025

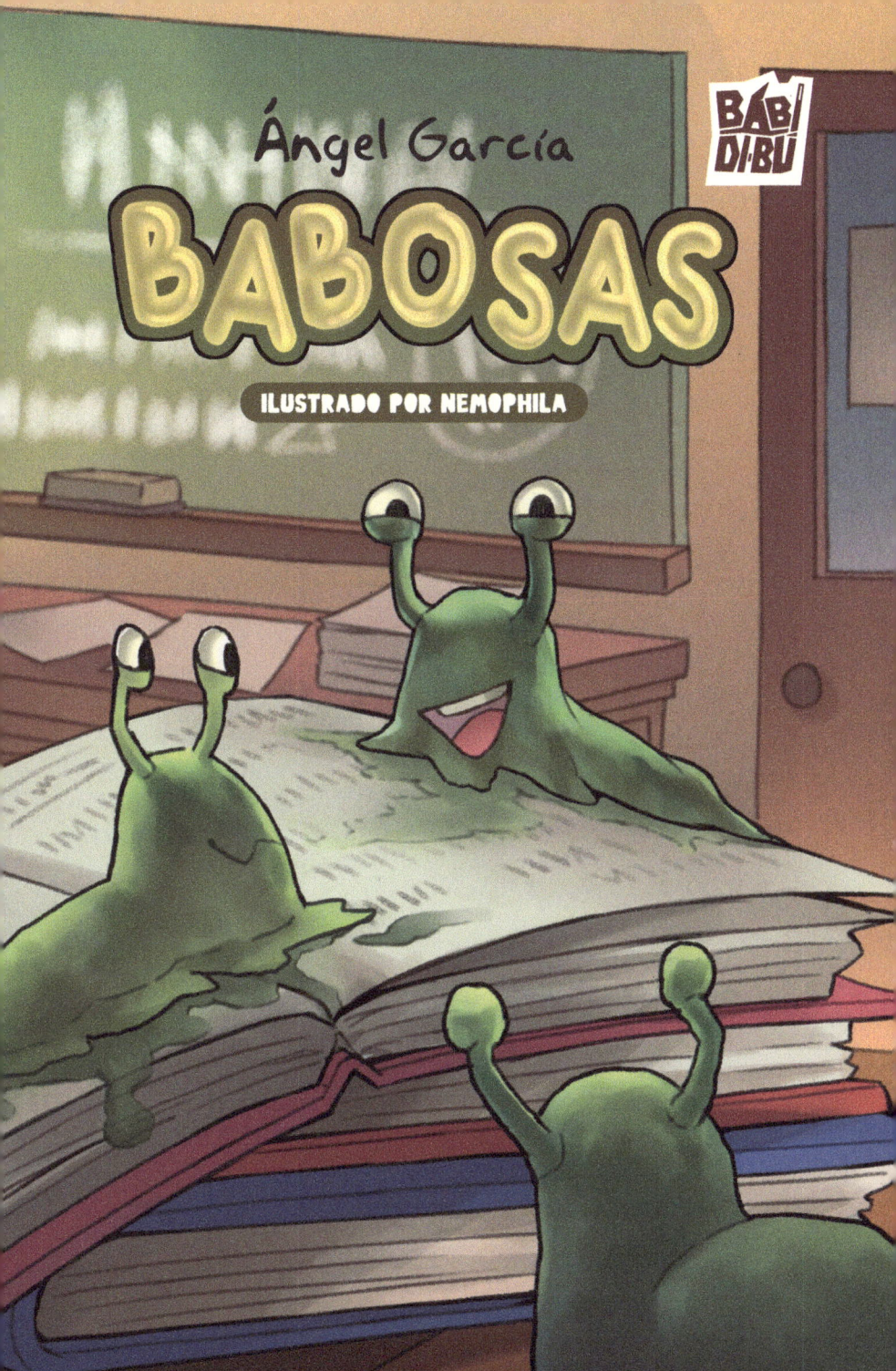

Índice

I

¿Y quién dice que jugar y divertirse no es aprovechar el tiempo?

¡Hum, estaréis de acuerdo conmigo en que las vacaciones de verano son lo más delicioso que existe! ¡No tener que madrugar para ir al cole, poder acostarte tarde, nadar en la piscina, montar en bici, jugar con los amigos, saborear algún exquisito helado italiano de cucurucho! Y encima ahora, gracias al Tour de Francia, no tengo que echarme la odiosa siesta, porque, como mi padre se queda a ver ganar a los españoles, a mí me deja que le acompañe y de esta manera ¡me libro de ese tormento!

Dicen mis padres que lo mejor del verano para los niños es que vemos menos la tele —la «caja idiota», como ellos la llaman— y de esta manera se nos estropea menos el cerebro. Y es cierto, lo de ver menos la tele, digo, que lo del cerebro no lo sé. Yo, por lo menos, estoy tan entretenido con todas las cosas que os he dicho antes que ni tiempo tengo de enchufarla.

Todo esto que os estoy contando es suponiendo que hayáis sacado buenas notas y de esta manera la pesada de la profe —porque mira que son pesadas las pobres— no haya podido calentar los cascos a vuestros padres, aconsejándoles que sería muy conveniente que su hijo repasase tal o cual problema o hiciese tal o cual ejercicio de lengua durante el verano.

Si no ha sido así y vuestros progenitores han tenido la infeliz ocurrencia de fastidiaros las mañanas apuntándoos a una de esas locas academias de sabiduría, solo me resta daros ánimos y haceros ver que es mejor estudiar un pelín más durante el curso para poder disfrutar plenamente del verano.

Mas lo cierto es que estoy pensando que eso de disfrutar plenamente del verano… ¡ni aun sacando buenas notas! Y ya no digamos si tenéis la mala pata de tener unos padres como los míos, que tienen la casa llena de libros y su mayor dicha consiste en leer y leer y volver a leer lo que ya han leído, pues algunas novelas se las leen hasta dos y tres veces. ¡Pues bien! ¡Que lean lo que quieran pero que dejen en paz a los demás! Pues no, todos los días tengo que leer dos o tres capítulos de algún cuento o novela y, si no…, ¡chantajistas!, no me dejan bajar a la piscina ni salir a jugar. Menos mal que les he convencido para que me dejen leer por la noche y, de esa manera, en cuanto desayuno... ¡puerta! De todas formas, una vez que me pongo a leer los cuentos que me dejan, como suelen ser bonitos, lo cierto es que me engancho a ellos y acabo leyendo algún capítulo más de los que me habían asignado.

Seguro que a estas alturas estaréis pensando: «Pues vaya panzada a escribir que se está pegando. Como siga así le va a quedar poco tiempo para disfrutar del verano».

Y tenéis razón, me estoy dando una buena panzada a escribir y no precisamente por mi gusto, sino porque la plasta de mi seño le dijo a mi madre que había sacado bien el curso, pero que este verano tenía que procurar escribir una redacción larga porque, según ella, se me da muy bien inventar historietas. Y mi madre, ni corta ni perezosa, me lo comunicó a mí al instante y me dijo que me pusiese a la tarea cuanto antes. Le he hecho caso, ¡qué remedio!, y enseguida me he puesto manos a la obra. En dos o tres días pienso acabar y… ¡por fin seré libre para todo el verano!

Mas que inventarme una historieta, lo que voy a escribir es una cosa que me ha pasado este curso en mi clase y que me apetece mucho contar, porque para mí fue realmente importante y divertido y, sobre todo, romántico.

Así empieza el relato:

▐▐

¡Hola, me llamo Enrique Montoya! ¡Por los insultos recibidos, preparaos a sufrir!

Bueno, Montoya no, pero Enrique sí que me llamo. Como soy algo bajito, algunos niños se ríen de mí en el colegio. Hay sobre todo dos en mi clase que siempre me están insultando y haciéndome rabiar. Tanto me han insultado durante este curso que, el lunes día 16 de mayo, decidí vengarme de los dos y les preparé una desagradable sorpresa.

Ya sabéis que las babosas, como su nombre indica, sueltan una gran cantidad de viscosa y mugrienta baba. Pues bien, el día anterior, o sea, el domingo, fui al campo y recogí seis babosas vivitas y chorreando que metí cuidadosamente en una bolsa de plástico y me las traje para casa.

El lunes, para que no se me espachurraran en la mochila, las introduje en un bote de cristal y marché al cole contento y a la vez nervioso, porque no sabía cómo resultaría mi venganza.

Nada más llegar a la puerta del cole, los insultones, Antonio y Juan, se metieron conmigo y me llamaron flequillo ripioso y orejas de ardilla. Cuando nos sentamos en clase, siguieron con sus insultos en voz baja para que no los oyera la seño, pero yo no les hacía ni puñetero caso y sonreía para mis adentros mientras pensaba: «¡Sí, sí, insultadme, que en el recreo os vais a enterar!».

Como soy astuto, lo tenía todo bien planeado y, cuando hicimos el dictado,

me equivoqué aposta y puse un montón de faltas, por lo que la profe, después de corregir mi cuaderno, me gritó muy enfadada:

—¡Enrique, nunca tienes una falta y hoy no sé que te ha pasado, pero has hecho el dictado fatal! ¡En el recreo te quedas a corregir las faltas! ¡Venga, haced ahora el libro de Matemáticas!

Al oírla, me dieron ganas de gritar «¡yupi!», pero me contuve. Ha sido la única vez en mi vida que me he puesto contento porque la profe me regañara, y es que ese castigo era precisamente el que yo deseaba, porque, además, no había castigado a ningún otro niño y, de esta forma, me quedaría yo solo en clase, sin molestos testigos.

Al tocar el timbre para salir al recreo, se me acercó Antonio y me dijo:

—¡Enrique, torpón, tienes más faltas que un burrijón!

También Juan se burló de mí.

—¡Enanito, Enriquito, nosotros nos vamos al recreo y tú te quedas aquí castigadito!

Los miré con rabia y pensé: «¡Pero qué «babosos» sois! Vosotros jugaréis en el recreo, pero yo también me lo voy a pasar bomba en la clase preparando mi diabólica trampa!».

En cuanto hubo salido el último niño al recreo, corregí rápidamente todas las faltas para disponer del mayor tiempo posible y me dispuse a ejecutar mi ingenioso plan.

Saqué del bote cuatro de mis hermosas babosas y me froté las manos nervioso, de puro contento que estaba. No os podéis imaginar lo que había maquinado. De las perchas de la clase cogí la sudadera de Antonio y la llevé a mi mesa.

—¡Eh, tú, doña osa con baba, vuelve aquí que me estás manchando el libro! ¿Es que quieres empaparte de Mates? Bastante empapada de baba estás tú ya —regañé a una de las babosas, que se había subido a mi libro de Mate mientras yo iba a por la sudadera.

Dentro de cada manga, a la altura del codo, eché bien de pegamento líquido y metí una babosa, que aplasté con sumo cuidado contra el pegamento para que se quedara allí pegadita y quietecita. Repetí la misma operación con la sudadera de Juan y luego devolví ambas a sus respectivas perchas. Seguro que ya vais empezando a adivinar lo que pretendía con ello, ¿a que sí? ¡Exacto! Las babosas no podrían moverse y, de esta forma, cuando los dos insultones metieran sus brazos en las mangas para ponerse sus sudaderas, no tendrían más remedio que espachurrarlas, se pondrían perdidos de baba y yo, en ese momento, les estaría mirando para ver qué cara ponían y me mondaría de risa.

Miré el reloj y vi que aún faltaban diez minutos para que se acabara el recreo. En el bote quedaban las otras dos babosas, pero para estas no tenía nada pensado, así que me concentré todo lo que pude para que se me ocurriera alguna otra picardía.

En ese momento, fijé la vista en mi libro de Mate y, al contemplar el reguero de baba que había dejado la babosa en él, me vino de repente a la cabeza una luminosa idea, o para ser más exactos, más que luminosa, lo que tuve fue una repugnante idea.

Todos teníamos el libro de Mate abierto por la página que habíamos hecho y, cuando todos entrasen del recreo, lo llevaríamos a la mesa de la seño y ella los iría corrigiendo. Esto me venía como anillo al dedo para la trampa babosa número dos, que, de inmediato, iba a poner en marcha.

Yo estoy sentado en la segunda fila y, justo delante de mí, en la primera fila, está la mesa de Antonio y, a su lado, la de Juan.

Me acerqué a la mesa de Antonio, pasé un montón de hojas hasta casi llegar al principio y, allí, en el primer tema del libro, eché un poquito de pegamento y sobre él puse una babosa. Idéntica manipulación realicé con el libro de Juan y, luego, volví a dejarlos otra vez abiertos por la página que habíamos estado tra-

bajando. Recuerdo que pensé: «Se nota un poco el bulto, pero no mucho. Lo único que siento es que las pobres babosas tienen muchas hojas encima y no podrán respirar bien».

En ese preciso instante, sonó el timbre y raudo me senté en mi mesa y cogí el lápiz para fingir que estaba atareado copiando las faltas que había tenido en el dictado.

III

¿Has pensado alguna vez que es inútil hacer planes perfectos porque hasta una mosca volando te los puede deshacer?

En cuanto entraron todos, me dirigí a la profe.

—Seño, ya he corregido el dictado.

—Trae el cuaderno para que le eche un vistazo… Está bien, siéntate. ¡Venga, traed ya el libro de Matemáticas abierto como siempre y, mientras os lo corrijo, sacad el libro de Lectura y vais leyendo en voz baja lo que tenéis para hoy!

Antonio y Juan cogieron sus libros sin apenas mirarlos y se levantaron como flechas para ponerlos encima de la mesa de la seño. Mientras yo iba llevando el mío, no paraba de pensar: «¡Uf, menos mal que no se han fijado en el bulto! ¡Mierda, acabo de darme cuenta de que todos los planes tienen algún fallo y el mío también! Como los imbéciles estos se han levantado de los primeros, encima de sus libros van a quedar los de casi todos y, con lo que pesan, alguna babosa se puede reventar».

Deposité mi libro con todo el cuidado del mundo encima de los que ya estaban en la mesa y, cuando me senté de nuevo en mi silla, clavé la vista en el montón de libros, esperando de un momento a otro ver escurrir la pringosa baba por encima de la mesa de la seño. ¡La que se iba a armar en cuanto se diera cuenta!

Cuando la profe llamaba a algún niño o niña para devolverle su libro corregido, se me quitaba un gran peso de encima, casi igual al peso que se les quitaba a las pobres babosas.

Tan ensimismado estaba mirando cómo el montón de libros se hacía cada vez más pequeño —afortunadamente las babosas debían de estar acorazadas, porque la baba no aparecía por ningún lado y eso significaba que sus cuerpos habían resistido bien el peso de los libros— que ni me enteré cuando la seño me llamó:

—Enrique, tu libro... ¡Enrique! ¿Qué miras? ¿Es que te has quedado sordo y mudo?

—Eh, sí, sí... Digo..., no, no me he quedado sordo ni mudo. ¿Qué quieres, seño? —conseguí balbucir, poniéndome un poco colorado.

—¡¿Pero estás bobo o qué?! ¡No sé que te pasa hoy! —Risas de los payasos de Antonio y Juan—. ¡Que vengas a por tu libro, que ya te lo he corregido!

—Voy, voy —contesté, y me levanté rápido a por él.

Pronto le tocaría el turno al libro de Antonio, así que me senté temblando como un flan, porque no tenía ni idea de lo que podría acontecer. Toda la clase estaba leyendo tranquilamente y yo me sentía superior a todos, porque en ese instante era el único que sabía que, no tardando mucho, algo gordo iba a ocurrir. Lo que no sabía era lo que sería ese algo gordo, aunque sí imaginaba que sería una de estas tres cosas: o la seño plantaba su brazo en la parte del libro en la que estaba la babosa y esta vez el espachurramiento era seguro, o se daba cuenta del bulto al acercarse el libro y pasaba las hojas descubriéndose el pastel, o devolvía el libro corregido a Antonio sin tan siquiera darse cuenta de nada. No ocurrió ninguna de las tres cosas.

Empezó la seño a corregir el libro a Antonio y ni se dio cuenta del bulto ni plantó el brazo encima de las hojas. Solo quedaba, por tanto, que, al terminar de corregirlo, la seño se lo entregara sin que pasase nada digno de mención.

Ocurrió, sin embargo, una vez más, una cosa que tampoco había previsto. Y la culpa de que pasara lo que seguidamente voy a relataros la tuvo, aunque parezca increíble, uno de los problemas que habíamos hecho en la hoja del libro y que la seño debía corregirnos.

Antes de seguir adelante, tengo que explicaros algo para que podáis entender mejor lo que a continuación pasó.

En cursos anteriores, cuando todavía no sabíamos separar bien las palabras de una frase, la seño, para que no nos equivocásemos, nos hacía ir dando con la palma de la mano extendida un manotazo sobre la mesa. Así, si nos dictaba la frase «me voy a la cama», nosotros, antes de escribirla en nuestro cuaderno, teníamos que decirla en voz alta así: «Me (manotazo en la mesa) voy (manotazo en la mesa) a (manotazo en la mesa) la (manotazo en la mesa) cama (manotazo en la mesa)».

A nosotros esto nos encantaba y nos lo pasábamos guay haciéndolo, pero ahora, con doce años, somos mayores y ya no lo hacemos, porque se supone que sabemos escribir bien. De todas formas, hay algunos que todavía se equivocan en ciertas palabras difíciles y la seño les dice que para esas palabras sigan utilizando el manotazo. Por ejemplo, escriben «con migo» en vez de «conmigo», «alomejor» en lugar de «a lo mejor», «esque» por «es que», etc. Y la verdad es que con estas faltas la seño se mosquea *cantiduvi*. Dicho esto, ya estoy y estáis en condiciones de contaros y de que escuchéis lo que a renglón seguido pasó.

Miraba yo cómo la seño iba corrigiendo el libro de Antonio cuando, de pronto, sin apartar la vista del mismo, gritó:

—¡¡Antonio!! ¡¡Ven aquí ahora mismo!!

«¡Ya está! —pensé yo—. Algo ha descubierto pero…, ¿qué podrá ser si no se ve baba por ningún lado?».

IV

¿Te acuerdas de cómo te has sentido cuando, alguna vez, te han echado la culpa de algo que no has hecho? Pues así debió de sentirse el pobre Antonio.

Antonio se acercó a ella y la seño le habló con voz enfadada.

—Te voy a leer la pregunta del problema y tú me contestas. ¿Cuál es el área de los triángulos?

—El área de los triángulos es de veinticuatro centímetros cuadrados, ¿no?

—Muy bien, sí, eso es —siguió la seño algo impaciente—, pero te has equivocado al escribirlo. Haz el favor de hacerlo con la mano que yo te vea.

—El (manotazo encima de la mesa de la seño) área (manotazo) delos (manotazo)…

—¡A ver, repite otra vez!—le interrumpió.

«¡La cagó, ha escrito "delos" junto!», pensé yo mientras la seño parecía cada vez más enfadada y toda la clase los miraba, aguardando con expectación el desenlace del apuro en el que se había metido Antonio.

—El (manotazo) área (manotazo) delos (manotazo)…

—¡¡Que noooo!! —chilló esta vez la profe—. ¡Es increíble que estemos a punto de pasar a 1° de E.S.O, al insti, y puedas meter la pata de esta manera!

Yo me había olvidado de las babosas y estaba disfrutando de lo lindo con la regañina que se estaba llevando el bobainas de Antonio y me acordé de lo de «Enrique, torpón, tienes más faltas que un burrijón». ¿Y tú, Antoñito? Estás en apuros ahora, ¿verdad? ¿No será por tener más faltas que un burrijón?

No pude seguir con el disfrute, porque, en ese momento, la seño cogió la muñeca de Antonio y, furiosa, le levantó el brazo y, con todas sus fuerzas, se lo hizo bajar, al tiempo que le gritaba «¡¡de!!» y la palma de la mano caía extendida con gran fuerza sobre... ¡su propio libro de Mate! ¡En la parte en la que estaba la babosa!

De nuevo la seño levantaba precipitadamente la mano de Antonio para marcarle el «¡¡los!!» cuando se detuvo en seco en el aire y dio un grito que debió de oírse por todo el colegio.

—¡¡Agh!! ¡¡Puagg!! ¡¿Qué ha sido esta asquerosidad?! ¡¿De dónde ha salido esto?!

Tan fuerte había sido el manotazo de Antonio sobre el libro que la baba había salpicado a la seño en su blusa, a la altura del pecho.

—¡Siéntate, so asqueroso! —La seño estaba fuera de sí, ya no sabía ni lo que decía, porque nunca había insultado a ningún niño, y el tonto de Antonio, sin acertar a explicarse lo que pasaba, más asustado que un ratón en las fauces de un gato, no esperó a que se lo dijeran por segunda vez y se sentó a la velocidad del rayo.

Mientras tanto, la seño se limpiaba la baba de su blusa con papel higiénico, sin parar de regañar y amenazar.

—Seño, si llevaras babi… —se le ocurrió decir en ese momento a la inoportuna de Laura.

«¡Mejor que no lo lleve! —pensé yo—. De esa manera no se hubiese manchado la blusa y Antonio se habría librado del chaparrón que se le estaba viniendo encima».

—¡Cállate, Laura, que a ti no te han dado vela en este entierro!

«¡Ostras, no sabe ya ni lo que dice, desvaría!», pensé yo al oír lo del entierro.

—¡Ha sido una gamberrada!, ¿verdad? ¡Dime inmediatamente lo que habías metido en el libro!

—Seño, de verdad…, no sé…. Yo… no he metido nada, se lo juro —negaba Antonio, temblando de miedo, pues nunca habíamos visto a la seño tan alterada.

—¡Encima de gamberro, mentiroso! ¡Levántate, pasa las hojas de tu libro y enséñame lo que habías metido!

—Seño, pero si yo…

—¡Ni pero, ni seño! ¡Que te levantes he dicho! ¡¿O es que tú también estás sordo?!

Antonio obedeció y, al pasar las hojas y descubrir la masa pastosa a la que había quedado reducida la babosa, la seño volvió a arrojar por su boca sapos y culebras.

—¡Qué asco! ¡Qué guarrada! ¡Qué golfería! ¡Qué haces ahí de pie como un pasmarote! ¡Coge tu libro con esa mierda y siéntate!

«¡Juas, juas! —me carcajeaba yo por dentro—. ¡Nunca creí que mi plan fuese a tener tanto éxito! ¡Antonio, que te sientes! ¡Antonio, que te levantes! ¡Antonio, que te vuelvas a sentar! La seño le va a marear, parece una pelota de pimpón yendo de un lado para otro. Le está poniendo a parir y todo gracias a mí. Joróbate por todo lo que me has insultado. Lo que siento es que el gorrón de Juan se está librando. ¿Qué pasará con su babosa y su libro?».

—¡Que cojas el libro y te sientes, he dicho! ¡Y luego te vuelves a levantar y limpias mi mesa con papel higiénico! —mandaba la seño sin darle un respiro—. ¡¿Qué es? ¿Un caracol?!

—Que no, seño, que yo no lo he puesto en el libro.

—Y yo me lo creo, ¿verdad? ¡¿Y el libro tampoco es el tuyo?!

—Sí, el libro sí.

—Entonces, esa cosa ha venido y se ha metido aquí sola, ¿no? Antonio, dime lo que es o no vas este mediodía a casa a comer y llamo a tus padres para contarles lo que ha pasado y que te impongan un castigo.

—Seño, tú siempre dices que no hay que chivarse y tú vas a chivarte ahora— puntualizó de nuevo Laura, que ya me estaba mosqueando por defender tanto a Anto-

nio. Menos mal que la seño la fulminó con la mirada.

—¡Y también te he dicho muchas veces que no te metas donde no te llaman! ¡Por última vez, Antonio, dime lo que es esa masa amorfa!

La pobre babosa, después del laminado, había quedado totalmente irreconocible y, aunque la seño había estado a punto de identificarla, era yo el único que podía esclarecer el asunto, por lo que apunté:

—Seño, eso que tenías en la blusa parecía baba, a lo mejor es una babosa.

—Ya, o sea, que no ha sido Antonio ni tú tampoco, y seguro que si pregunto uno por uno a todos no ha sido nadie, ¡¿a que no?!

—¡No, no, yo no he sido! —se apresuraron a corear todos los de la clase, armándose un alboroto general.

—¡Callaos! ¡Esto lo averiguo yo o de aquí no salimos hoy en todo el día! ¡Poned todas las mochilas encima de vuestras mesas!

«Esto se complica—pensé—. ¿Qué pretenderá ahora? Menos mal que ya no me queda ninguna babosa».

La seño fue registrando una a una las mochilas de la primera fila y, cuando me llegó el turno, tras inspeccionar la mía brevemente, sacó de ella el bote que me había servido como transporte de las babosas.

«¡Maldita sea! ¡Esto podría ser una prueba de que yo he traído la babosa metida en él! Menos mal que la baba que han soltado las babosas por las paredes del bote, como es casi transparente, apenas se nota», pensé velozmente.

—¿Y este bote, Enrique?

Rápidamente tuve que inventar una mentira que pareciese verosímil.

—Es que cuando salga del cole tengo que pasar por la tienda para comprar unas aceitunas que me ha encargado mi madre para la comida.

—Así que aceitunas, ¿eh? —dijo la seño, no muy convencida de ello—. Entonces te lo habrá dado tu madre bien limpio. Voy a abrirlo para examinarlo, no vaya a ser que no esté suficientemente lavado y se te estropeen las aceitunas.

«¡Mierda, qué lista es! Aunque casi no se ve la baba, puede meter los dedos dentro del bote y toparse con la viscosa saliva que pueda haber por las paredes».

Un sudor frío empezaba a recorrer todo mi cuerpo. Mis planes hacían aguas por todas partes y ahora era yo el que podía cargársela como se descubriese todo el pastel. Como os podéis imaginar, mi situación era absolutamente desesperada y más cuando, en ese momento, la seño se disponía a abrir la tapa del bote y meter en él sus dedos. Solo faltaba que luego se los chupase para comprobar si sabían a caldo de aceitunas. Pero fue en ese preciso instante cuando sonó la voz de mi Ángela de la Guarda, para decir.

—Seño, es cierto lo que dice Enrique. Como Enrique y yo vivimos cerca, le acompaño muchos días al ultramarinos a comprar las aceitunas que le encarga su madre y siempre lleva ese bote.

La mentira de Ariadna, unida a cierta repugnancia de la seño por meter sus dedos dentro del bote, fue suficiente para que lo soltara de nuevo en mi mochila mientras decía:

—Está bien, si lo dices tú, Ariadna, me lo creo. Seguiré con el registro.

«¡Fantástico! ¡Providencial! ¡Esto sí que es intervenir en el momento oportuno!». Miré a Ariadna. En ese momento me habría levantado y le habría dado un besazo, porque acababa de salvarme de una buena. Me guiñó un ojo con disimulo, le devolví el guiño y me di cuenta de que ella sabía que yo era el que había puesto la babosa en el libro de Antonio. Recordé lo gordos que a ella le caían también Juan y Antonio, porque, de vez en cuando, ella era asimismo objeto de sus insultos y de sus burlas y, al igual que yo, debía de estar disfrutando de lo lindo con la regañina que se estaba llevando Antonio. Siempre me había caído bien Ariadna, pero, después de lo que acababa de hacer por mí, estaba deseando que quisiese ser mi novia. Además, no me había dado cuenta antes, pero, ahora que la miraba con ojos de agradecimiento, estaba descubriendo lo guapa y lista que era, y hasta recuerdo que tuve que sacar el pañuelo y limpiarme la boca porque se me caía la baba de arrobamiento al contemplarla. Mientras, la seño seguía el registro y, además del bote, había encontrado ya varios recipientes que bien podrían haber servido para transportar las babosas a clase, como bolsas de plástico, cajitas de metal, etc.

Estaba a punto de acabar el registro cuando otro incidente vino a demostrar, por enésima vez, que los planes que uno hace pueden seguir caminos insospechados.

V

¿No habéis notado que a los profesores, cuando se les mete una cosa en la cabeza, son tan testarudos como todo el mundo?

—¡Allí, allí, seño, en esa sudadera hay un bicho! —acababa de chillar Eva, que estaba sentada al lado de las perchas.

Era, como ya habréis adivinado, la sudadera de Antonio y una de las babosas que, por lo visto, yo había tratado de pegar en vano dentro de su manga. Todos dirigimos nuestras miradas hacia la sudadera de Antonio buscando el bicho que Eva había descubierto mientras yo pensaba: «¡Un bicho! Esta inculta e ignorante de Evita se conoce que no ha visto una babosa en su vida. ¡Mira que confundir una babosa con un bicho! ¡Lo que no me explico es cómo habrá podido salirse de la manga! ¡Debe de ser que la baba actúa como un antiadherente y, por tanto, impide que la babosa quede pegada al pegamento! Las del libro no han podido moverse porque el peso de las hojas se lo ha impedido. Si es como pienso, no tardarán mucho en aparecer las otras, con lo cual, durante mucho tiempo tendremos por toda la clase: ¡Tutúúú!, ¡tutúúú! La carga de la brigada babosil».

¡Y por una vez no me equivoqué! Cuando la seño llegó hasta la sudadera de Antonio, prosiguió con su enfado y con sus averiguaciones y fue ella misma la que descubrió otras dos babosas más, esta vez en la sudadera de Juan.

—¡¿De quién es esta sudadera?!

Ahora le tocó a Juan levantarse y reconocer que era suya.

—Y las babosas me imagino que tampoco serán tuyas, ¿cierto?

—No, mías no son, se habrán subido ahí ellas solas.

—Ya no hay ninguna duda, alguien ha traído babosas a clase y… ¡Antonio!

El pobre Antonio no ganaba para sustos. Volví a mirar a Ariadna —¡cómo no me había dado cuenta antes de lo realmente bonita que era!— y comprendí que, al igual que yo, se estaba desternillando de risa por dentro.

—¡Ven aquí, malandrín! Ya no me cabe la menor duda de que has sido tú el que ha traído las babosas y las ha soltado por toda la clase.

¿Qué habría descubierto la seño, que había metido las manos en los bolsillos

de la sudadera de Antonio? Fuera lo que fuese, yo parecía estar ya totalmente a salvo y libre de toda sospecha. Y lo mismo sucedía con el gorrón de Juan, quien iba camino de librarse de las iras de la profe y también del espachurramiento de las dos babosas que yo había pretendido inútilmente pegar dentro de sus mangas. Tendría que pensar para más adelante algo exclusivamente para él, pero como buenos novios que íbamos a ser, le pediría a Ariadna que lo planeásemos entre los dos. Cuando se acercó Antonio, la seño mostró satisfecha el descubrimiento que había hecho.

—Mira, sinvergüenza, esta es tu sudadera. Por una de sus mangas se pasea una babosa y otras dos, al ladito, por la sudadera de Juan. ¿Qué quiere ello decir? Pues que tú y solo tú eres el que tenía las babosas y por tanto el causante de esta auténtica gamberrada. ¿Y dónde las has traído? Ni más ni menos que en este bote que he descubierto en tu bolsillo izquierdo, de donde se han escapado unas pocas al dejarlo tú abierto por descuido al sacar la babosa que has puesto en tu libro —concluyó la seño, al mejor estilo Sherlock Holmes, agitando un bote en su mano como prueba irrefutable de que Antonio era el auténtico culpable.

—Seño —protestaba este cada vez con menos fuerza, abrumado por el aluvión de pruebas que le señalaban como principal sospechoso—, este bote es para meter en él mis canicas.

—Ah, ¿sí? ¿Y cómo es que no tienes en él ninguna? ¿Acaso han salido danzando como las babosas?

—Me las han ganado todas en el recreo.

—Ya, para todo tienes contestación. Mira, Antonio, no quiero oírte más. Coge esas tres babosas, que encima debería darte vergüenza y pena que por tu culpa haya muerto la otra espachurrada, con la de veces que os he dicho que no hay que matar a los animalitos. Estas tres, por lo menos, se han salvado. Como castigo, las vas a meter de nuevo en el bote y, cuando salgas, las vas a depositar en el huerto del... ¡No! En el huerto del colegio no, que las babosas comen muchas plantas y pueden echar a perder lo que allí tenéis plantado los chicos de sexto! Las llevas al parque que hay cerca de tu casa y allí las sueltas, y como no me fío de ti, tú, Cristina, le acompañas para que lo haga. Y no me mires con esa cara, que, si las miradas fulminasen, la tuya, desde luego, me fulminaría en el acto. Y venga, que va a sonar el timbre y tenemos que ir a comer, recoged ya. ¿De quién es este libro que hay en mi mesa?

—Mío, mío. ¿No me lo corriges? —preguntó Juan.

Emoción de nuevo y expectación por todo lo alto.

—¿No te lo he corregido aún? —Sonó el timbre en ese momento, para decepción mía, y la seño concluyó—: Es igual, anda, cógelo y mañana te corrijo todo.

Juan se levantó, cogió su libro y, cuando llegó a su mesa, puso una mano en la portada y otra en la contraportada del mismo y lo cerró de golpe. ¡Ahora sí que me dio lástima de la babosa, pero no pude hacer nada para evitar su laminación! Juan, cuya cara parecía todo un poema, tampoco pudo evitar que su libro y él mismo se pusieran perdidos de baba, pero el muy cuco no dijo nada y guardó el libro con disimulo en su mochila y él pasó —¡qué guarro!— la manga de su sudadera por encima de su mesa para limpiarla.

VI

¿No has observado nunca que cuando un niño o un adulto están contentos y alegres hablan y hablan sin parar como si estuviesen borrachos?

A la salida de clase, como estaba deseando juntarme con Ariadna, fui derecho hacia ella y le dije:

—Gracias, Ariadna, por lo del bote. Si no llegas a decirlo, lo mismo la seño se da cuenta y me la cargo.

—¡Que se jorobe el bestia de Antonio! ¡Has tenido una idea fenomenal, me hubiera gustado que me lo hubieras dicho antes y te habría ayudado de buena gana!

—Desde ahora voy a compartir contigo todos mis secretos —dije muy serio.

—Gracias, yo haré lo mismo. Oye, Enrique, lo que no entiendo es qué hacían las otras babosas por las sudaderas, explícamelo.

Conté todo a Ariadna y, cuando le dije que yo cuando mejor lo había pasado era cuando la seño había empezado a jugar al pimpón con Antonio —Antonio, levántate y ven; Antonio, que te sientes; Antonio, que te levantes—, los dos nos echamos a reír de nuevo y de tanto reír tuvimos que entrar otra vez al cole a hacer pis. Al juntarnos de nuevo, Ariadna se lamentó:

—Lo que siento es que al moscón de su amigo Juan no le alcanzase la regañina.

Le conté también lo de Juan. Al menos su libro de Mate y su mochila habrán quedado para llevarlos al tinte.

—¡Qué pena! Como no sabía nada de que habías metido otra babosa en el libro de Juan, no me fijé en su cara cuando lo cerró y le salpicó la baba.

—Lo que me tiene intrigado es lo que pueda haber pasado con la última babosa. Se debe de haber escapado como las demás, pero ¿dónde estará ahora?

—Paseando por la clase —sonrió Ariadna, y sonriendo era realmente un Sol deslumbrante, tanto que me tuve que poner la mano en la cara a modo de visera para no ser cegado por los luminosos rayos que despedían sus hermosos ojos.

—¿Qué haces?—inquirió ella al verme así.

—Protegerme del Sol.

—¿De qué Sol si está nublado?

—Es que el Sol que me está deslumbrando a mí es un Sol con mayúsculas, tan hermoso y tan abrasador que es capaz de traspasar cualquier nubarrón que se le ponga por delante.

—No sé de que me hablas, explícate —me pidió Ariadna, que no debía de haber captado mis soleados piropos. ¿O tal vez sí y quería que siguiese hablando de ese Sol tan resplandeciente?

—Me gustaría explicártelo, Ariadna, pero es un secreto.

—¡Anda, tu tía! ¿No decías antes que ibas a compartir conmigo todos tus secretos?

—Y es verdad, pero no te dije cuando. Este secreto te lo voy a revelar muy pronto. Mañana mismo, si quieres, nos podemos juntar para preparar alguna encerrona a Juan.

—Sí, quiero.

Embobado me quedé al oírla decir «¡sí, quiero!», porque, por un momento, me la imaginé junto a mí ante el altar o en el juzgado pronunciando esas palabras. Volví a la realidad al oírla de nuevo.

—Esta tarde no puedo porque tengo danza, pero mañana podemos juntarnos en el parque. ¡Hasta luego, Enrique!

—¡Espera, Ariadna! —Me costaba trabajo separarme de ella ahora que había descubierto lo guapa que era y las ganas que tenía de que fuese mi novia.

—¿Qué quieres ahora?

—Bueno…, es que… me ha gustado mucho que me hayas ayudado en clase, por eso…, bueno… —Empezaba a tartamudear y no me salían las palabras—. Es que quería que fueses…, vamos, que no fueses la… —¡Madre mía, qué lío me estaba armando!—. Bueno, te lo escribo por carta, que ahora no tengo tiempo, que me cie-rran la tienda y tengo que comprar las aceitunas como tú bien sabes. ¡Adiós, chao! —Me despedí guiñándole un ojo y echando a correr para que no se me notara que me estaba empezando a poner rojo como un tomate.

—¡Espera! —Ahora era ella la que no quería que me fuese—. ¿Cómo por car-ta? Si vamos a juntarnos mañana…

—¡Que sí, Ariadna, que es mejor por carta! —grité ya a lo lejos.

—¡¡Ya sé lo que es!! —gritó ella más fuerte todavía, pues yo estaba ya lejos y me disponía a doblar la esquina.

—¡Lo sabe! ¡Yupi! —grité de alegría una vez doblada la esquina, y di un salto tan grande que, al bajar, perdí el equi-librio y me quedé sentado en la acera sobre el culo. Me levanté ante la mirada perpleja de un señor que pasaba por la acera de enfrente y que me había oído gritar y hacer la cabriola.

VII

¿A que hay veces que, por muy cierta y evidente que sea una cosa, nos cuesta trabajo creérnosla?

Casi he acabado el relato, pues ya solo me falta una cosa, y no de las peores, por cierto. Lo mejor de este lunes, día 16 de mayo —sin lugar a dudas el día más feliz hasta ahora de mi vida—, no fue el éxito de mi venganza. No, ni mucho menos. Fue, como podréis suponer, el maravilloso descubrimiento de Ariadna y el inicio de nuestro noviazgo. Sin embargo, las sorpresas no habían acabado para mí ese día, como bien vais a tener la oportunidad de comprobar ahorita mismo.

Lo que pasó al llegar a mi casa fue algo que, si no es porque se puede medir con una regla o con una cinta métrica o incluso a simple vista, aún hoy estaría sin creérmelo. ¿Y qué pasó?, os preguntaréis intrigados. Pues pasó que, al llamar al timbre y abrir mi madre la puerta…

—¡¡¡Enrique!!! ¡¡¡Enrique!!! ¡¡Pero si tú eres Enrique!! —Mi madre me miraba con unos ojos tan desorbitados y se había quedado tan pálida que incluso yo me asusté.

—¡¿Mamá, qué te pasa?! ¡Claro que soy Enrique! ¿Quién quieres que sea?

—¡Enrique, casi no te reconozco, has crecido un montón! ¿Qué te ha sucedido? ¿Te han estirado, dime, te han hecho algo en el colegio?

Realmente mi madre desvariaba y era a ella a quien le pasaba algo raro.

—Acércate a mí, Enrique. —Me rodeó con sus brazos y me dijo—: Mira, ahora eres más alto que yo. ¡Me parece mentira, es increíble! Algo especial te tiene que haber pasado hoy en el colegio, porque es imposible crecer tantos centímetros de golpe y porrazo.

—¡Claro, ya lo tengo! —Acababa de comprender todo de pronto— ¡Me ha pasado algo especialísimo! Verás, mamá, cuando uno hace algo muy bien y se le alaba, se le suele decir: «Mírale qué hueco se ha puesto. Debe de haber engordado por lo menos siete kilos».

—Sí, es cierto, eso suele decirse. ¿Y qué?

—O sea, que la felicidad y la satisfacción engordan.

—Es posible, la felicidad trae la tranquilidad y esta es necesaria para engordar.

—¡Pues eso, mamá, que a mí me ha ocurrido eso! Lo que pasa es que yo, en vez de engordar, he crecido. ¡Hoy me lo he pasado tan bien en el cole que de pura satisfacción he crecido siete centímetros, o los que sean, de golpe!

—Bien, dime entonces qué satisfacción tan grande te has llevado en el colegio. Habrá sido un sobresaliente, porque otra cosa…

Poneos en mi caso y estaréis de acuerdo conmigo en que era inútil contar a mi madre lo de Ariadna o lo de las babosas. Esto último porque me habría echado una bronca de aúpa y lo de Ariadna…, bueno, ni me habría dejado acabar de contarlo diciéndome que era una tontería de crío el que anduviese ahora pensando en novias. Ya sabéis cómo son los mayores para estas cosas. Parece mentira que no se acuerden de cuando ellos eran como nosotros. Así que, efectivamente, le di la razón a mi madre y le dije:

—Sí, mamá, ha sido un sobre en Mate.

—Ya, pero también has sacado sobresalientes otras veces y no has crecido ningún centímetro.

—Es que el de hoy ha sido especial, porque he sido el único de toda la clase que ha sacado un sobre —mentí sin inmutarme. Menudo montón de trolas llevaba ya ese día.

No se quedó mi madre muy convencida del todo y por la tarde se empeñó en llevarme al médico para que me hiciese un reconocimiento. El hombre tampoco pudo dar una explicación convincente del fenómeno, aunque, para que su sabiduría no quedase en entredicho, habló de la hormona del crecimiento y de la

edad tan difícil en la que me encontraba… Y es que hay cosas, como la que me había pasado a mí con Ariadna, que no pueden estar explicadas en manuales médicos, ni mucho menos despacharse con hormonas del crecimiento ni con vitaminas enriquecidas. A la salida del médico, mi madre me compró ropa y calzado nuevo, pues todo se me había quedado no pequeño, sino minúsculo.

Por la noche, dormí feliz pensando en las perspectivas que se abrían ante mí con mi nueva estatura. Para empezar, ahora ya era más alto que Juan y Antonio y eso haría que, a la hora de insultarnos, —hablo en plural porque aquí meto también a Ariadna—, se lo pensarían dos veces, porque les podría responder con un guantazo. Además de otras muchas cosas —ropa nueva, zapatos nuevos, encestar mejor e incluso jugar en la NBA...—, lo más agradable de todo sería, sin duda, la sorpresa que al día siguiente esperaba que se llevase Ariadna cuando me viese. ¿Habría ella crecido también de felicidad? Con este último pensamiento, y con su deslumbrante rostro, me dormí y, desde luego, fue una noche de dulces sueños.